EL DIARIO DEL TRABAJO EN LA SOMBRA

PARA PAREJAS

CALLIE PARKER

BIENVENIDO A
DESBLOQUEANDO LA FELICIDAD

SU GUÍA DE ACTIVIDADES QUE MEJORAN SU ESTADO DE ÁNIMO

Embárcate en un viaje para mejorar tu estado de ánimo diario y aprovechar el poder transformador de la felicidad. En estas páginas, descubrirá los fundamentos científicos de cómo las actividades pueden mejorar significativamente su bienestar y aprenderá por qué aceptar nuevas experiencias es clave para una vida plena.

¿Qué obtendrá con este libro electrónico?

- Perspectivas respaldadas por la ciencia
- Estrategias prácticas
- Hábitos diarios
- Actividades inspiradoras
- Actividades creativas y sociales
- Técnicas de Mindfulness y Relajación
- Planificador personalizable

¿Listo para aumentar tu felicidad? ¡Comienza tu viaje ahora! Escanee el código QR o siga el enlace a continuación para unirse a nuestro boletín para obtener contenido exclusivo y comenzar a construir su vida feliz hoy.

Envíame mi libro electrónico gratuito
Desbloqueando la felicidad

ELEVE SU VIAJE CON EL LIBRO TRABAJO EN LA SOMBRA PARA PAREJAS

Si bien este diario es una herramienta valiosa para la reflexión y la exploración, está diseñado para ser más eficaz cuando se utiliza junto con su libro complementario, Trabajo en la sombra para parejas. Para desbloquear verdaderamente el potencial transformador de este proceso, considere profundizar en la orientación y los conocimientos integrales que se ofrecen en el libro. Así es como mejorará su experiencia:

- Construya una base sólida: el libro sienta las bases para comprender los conceptos complejos del trabajo en la sombra, proporcionando el conocimiento teórico y práctico necesario para recorrer este viaje de manera efectiva.
- Obtenga conocimientos más profundos: Trabajo de sombras para parejas profundiza en los matices de las sombras individuales y compartidas, ofreciendo una perspectiva más amplia sobre los desafíos y oportunidades de crecimiento dentro de su relación.
- Orientación personalizada para cada etapa: el libro proporciona instrucciones y apoyo paso a paso, guiándolo a través de cada fase del proceso de trabajo en la sombra, asegurando que usted y su pareja se sientan equipados y empoderados en cada paso del camino.
- Planes de acción personalizados: Trabajo en la sombra para parejas ofrece herramientas y técnicas para crear planes de acción personalizados basados en sus necesidades y objetivos específicos como pareja, ayudándolos a traducir sus conocimientos en cambios en el mundo real.
- Cree una transformación duradera: al combinar el conocimiento integral del libro con el espacio de reflexión personalizado de la revista, creará una poderosa sinergia que conducirá a un cambio positivo duradero en su relación.

Aproveche todo el potencial de su viaje de trabajo en la sombra combinando este diario con el libro Trabajo en la sombra para parejas. Es la clave para desbloquear una comprensión más profunda de ustedes mismos, de su pareja y de la increíble historia de amor que están creando juntos.

Introducción al diario de trabajo en la sombra para parejas

Bienvenido a The Shadow Work Journal para parejas. Este diario está diseñado para ser su compañero mientras explora las prácticas transformadoras presentadas en Trabajo en la sombra para parejas. Juntos, usted y su pareja se embarcarán en un viaje de autodescubrimiento, vulnerabilidad y conexión profunda.

En Trabajo de sombras para parejas, analizamos los aspectos de nosotros mismos que a menudo están ocultos (nuestras "sombras" individuales) y exploramos cómo impactan la dinámica de nuestra relación. Este diario proporciona un espacio estructurado para que usted y su pareja trabajen en los ejercicios y reflexiones de cada capítulo, fomentando una mayor comprensión e intimidad.

Cada sección de este diario corresponde a un capítulo del libro y ofrece indicaciones y actividades diseñadas para ayudarle a aplicar los conceptos a su relación. A través de una comunicación honesta, una reflexión compartida y un apoyo mutuo, descubrirán capas más profundas de ustedes mismos y de su asociación, construyendo un vínculo más fuerte y resiliente.

Mientras trabajan juntos en este diario, aborden cada ejercicio con apertura y curiosidad. Permítanse ser vulnerables, compartiendo sus pensamientos y sentimientos con honestidad. Este diario es un espacio sagrado para que usted y su pareja exploren, sanen y crezcan juntos.

Recuerde, este viaje es exclusivo de su relación. Utilice este diario no sólo como complemento del libro, sino también como testimonio de su compromiso de fomentar una conexión más profunda y auténtica. Juntos, el libro y el diario lo ayudarán a navegar por las complejidades de la intimidad, fomentar el entendimiento mutuo y cultivar un amor verdaderamente transformador.

Propósito de la revista

Dentro de estas páginas, usted y su pareja encontrarán algo más que espacios en blanco. Este diario está diseñado para cumplir múltiples propósitos en su viaje compartido de crecimiento y conexión:

- Refleje su alma compartida: a menudo, el acto de escribir juntos puede revelar profundidades ocultas de comprensión y emociones dentro de su relación. Al reflexionar sobre las indicaciones guiadas, profundizará en sus experiencias compartidas, creando una conexión más profunda con su pareja y con usted mismo.
- Refugio seguro para la vulnerabilidad: este diario es una zona libre de juicios para ambos. Su único propósito es brindar un ambiente confidencial donde ambos puedan ser crudos, honestos y vulnerables el uno con el otro. Aquí cada emoción es válida, cada pensamiento reconocido y cada miedo puede compartirse sin juzgar.
- Bálsamo curativo para su relación: mientras navega por los altibajos de la vida como pareja, encontrará una variedad de emociones y recuerdos. Escribir juntos puede ser terapéutico, permitiéndoles procesar heridas del pasado, celebrar alegrías compartidas e imaginar un futuro lleno de amor y comprensión.
- Guía para el crecimiento mutuo: Las indicaciones están diseñadas no sólo para reflexionar sino también para nutrir su relación. Lo desafiarán a enfrentar desafíos, celebrar fortalezas y co-crear un futuro alineado con sus valores y aspiraciones compartidos.
- Un testimonio de su historia de amor: con el tiempo, este diario se convertirá en un registro tangible de su crecimiento como pareja. Será un testimonio de su resiliencia, evolución y el vínculo único que comparten.

Recuerde, no existe una forma correcta o incorrecta de abordar esta revista. Es su historia, sus voces y su verdad compartida. Embarquémonos juntos en este viaje de profundización de la intimidad y la conexión. Que encuentres claridad, fuerza y una comprensión aún más profunda de tu amor a lo largo del camino.

Importancia de la reflexión para fomentar la intimidad

La reflexión, la práctica de examinar intencionalmente nuestras experiencias y emociones, juega un papel crucial en el cultivo de una intimidad más profunda dentro de una relación. Si bien la introspección es valiosa para cualquier individuo, para las parejas adquiere un significado único ya que permite:

- Comprensión de uno mismo y de la pareja: las parejas aportan sus historias, perspectivas y factores desencadenantes individuales a una relación. La reflexión ayuda a cada socio a comprender su propio funcionamiento interno y cómo interactúa con el de su pareja. Permite una mayor autoconciencia y empatía, fomentando una comprensión más profunda de las necesidades y deseos de los demás.
- Fortalecimiento de la conexión emocional: al reflexionar sobre las experiencias compartidas, tanto positivas como desafiantes, las parejas pueden fortalecer su vínculo emocional. Permite procesar las emociones en conjunto, promoviendo la empatía, la vulnerabilidad y, en última instancia, una mayor sensación de conexión.
- Resolver conflictos y curar heridas: toda relación encuentra conflictos y desacuerdos. La reflexión puede ayudar a las parejas a identificar las causas subyacentes de la tensión, comprender las perspectivas de cada uno y encontrar soluciones constructivas. También facilita la curación de heridas del pasado, fomenta el perdón y reconstruye la confianza.
- Fomentar valores y objetivos compartidos: al reflexionar sobre sus valores, sueños y aspiraciones compartidos, las parejas pueden alinear sus visiones para el futuro. Este entendimiento compartido crea un sentido de propósito y unidad, fortaleciendo su compromiso mutuo.
- Mejorar la comunicación y la intimidad: la reflexión fomenta la comunicación abierta y honesta. A medida que la pareja aprende a expresar sus pensamientos y sentimientos con mayor claridad, crea un espacio seguro para una intimidad y vulnerabilidad más profundas.

- Renovar la pasión y el compromiso: a través de la reflexión, las parejas pueden reavivar la chispa en su relación. Al revisitar recuerdos preciados y reconocer el amor y el aprecio mutuos, pueden reavivar la pasión y volver a comprometerse con sus seres queridos.

En esencia, la reflexión sirve como catalizador para el crecimiento y la intimidad dentro de una relación. Permite a las parejas construir una base sólida de comprensión, comunicación y apoyo mutuo, lo que en última instancia conduce a una relación más satisfactoria y duradera.

Cómo utilizar este diario

Bienvenido a un espacio diseñado específicamente para usted y su pareja, un espacio donde sus voces, sentimientos y experiencias colectivas dentro de su relación toman protagonismo. Este diario guiado está diseñado para ser más que una simple colección de momentos; es una herramienta para comprender, sanar y celebrar el viaje único que comparten como pareja. He aquí cómo aprovecharlo al máximo:

- Establezca una rutina compartida: si bien la espontaneidad tiene su lugar, reservar tiempo para escribir un diario juntos puede fomentar la coherencia y crear un ritual para la conexión y la reflexión. Ya sea que se trate de un control diario, una conversación sincera semanal o una inmersión profunda mensual, elija una cadencia que se adapte a su relación.
- Cree un espacio cómodo y seguro: encuentre un lugar tranquilo y acogedor donde ambos se sientan cómodos y puedan abrirse. Este espacio físico puede crear un santuario para la vulnerabilidad, la honestidad y la intimidad emocional.
- Sean honestos el uno con el otro: este diario es un espacio privado para ustedes dos. No es necesario filtrar, editar ni censurar tus pensamientos o sentimientos. Abrace la autenticidad, permita que su verdadero yo brille y profundice su conexión.
- Participe con las indicaciones: a lo largo de este diario, encontrará indicaciones diseñadas para iniciar conversaciones significativas y guiar sus reflexiones como pareja. Utilícelos como puntos de partida, pero siéntase libre de explorar cualquier tema que surja de forma natural y resuene con su relación.
- Revise juntos las entradas pasadas: a medida que avance en este diario, tómese el tiempo para volver a leer juntos las entradas pasadas. Esta reflexión compartida puede ofrecer información valiosa sobre su crecimiento como pareja, destacando cambios, desafíos y los hermosos momentos que definen su viaje.
- Agregue elementos visuales o toques personales: siéntase libre de personalizar sus entradas con bocetos, garabatos,

- fotografías o cualquier otra cosa que capture la esencia de su relación. Estos elementos visuales pueden agregar profundidad y significado a sus reflexiones compartidas.
- Practique la compasión mutua: algunas reflexiones pueden traer a la luz emociones o recuerdos difíciles. Sean amables con ustedes mismos y con los demás. Ofrezca apoyo, comprensión y empatía mientras navegar por estas experiencias compartidas. Si es necesario, busque la orientación de un terapeuta o consejero de confianza.
- Celebre su historia de amor: recuerde, cada entrada, ya sea llena de alegría, tristeza, risas o lágrimas, es un testimonio de la fortaleza y resistencia de su relación. Celebren juntos cada palabra, cada emoción y cada hito.

Este diario es tu propia historia de amor única en ciernes. No existe una forma correcta o incorrecta de usarlo. Abrace el viaje, permita que evolucione junto con su relación y deje que este diario sea un querido compañero en su camino hacia una comprensión más profunda, una aceptación y un amor inquebrantable.

Tabla de contenido

El Inconsciente

La mente inconsciente del hombre ve correctamente incluso cuando la razón consciente es ciega e impotente.

Carl Jung

Perspectivas de los sueños

Reflexiona sobre un sueño reciente y escribe sobre las emociones y los temas que observaste. ¿Qué podría revelar este sueño sobre tus deseos o miedos inconscientes?

Opciones intuitivas

Piense en una decisión reciente que tomó más por intuición que por lógica. Describe la decisión y explora qué factores inconscientes podrían haber influido en ella.

Reacciones emocionales inexplicables

Recuerde un incidente en el que su reacción emocional lo sorprendió. Escribe sobre qué recuerdos o experiencias inconscientes podrían estar conectados con esta reacción.

Reacciones emocionales inexplicables

Recuerde un incidente en el que su reacción emocional lo sorprendió. Escribe sobre qué recuerdos o experiencias inconscientes podrían estar conectados con esta reacción.

Reflexiones individuales

Meditación sobre el inconsciente

Dedica 10 minutos a una meditación tranquila, concentrándote en tu respiración. Permita que sus pensamientos fluyan libremente y escriba cualquier idea que se le ocurra sobre su mente inconsciente.

Ejercicios individuales

Expresión artística

Crea una obra de arte que represente una parte de tu ser interior que sientas que está oculta o desconocida. Utilice colores, formas y texturas para expresar este aspecto invisible.

Expresión artística

Crea una obra de arte que represente una parte de tu ser interior que sientas que está oculta o desconocida. Utilice colores, formas y texturas para expresar este aspecto invisible.

Diálogo con el inconsciente

Escribe una carta a tu mente inconsciente. Haga preguntas sobre las cosas que desea comprender mejor sobre usted mismo. Luego, escribe una respuesta desde la perspectiva de tu inconsciente.

Ejercicios individuales

Comparta un sueño reciente con su pareja y analice lo que podría significar sobre sus pensamientos y sentimientos inconscientes. Anima a tu pareja a hacer lo mismo y discute.

Cada socio comparte una historia sobre un momento en el que actuaron según su intuición. Discuta lo que esto podría revelar sobre su mente inconsciente.

Túrnense para representar partes de la personalidad inconsciente de su pareja que hayan observado. Discuta los sentimientos y percepciones que surgen de este ejercicio.

Collage conjunto

Juntos, creen un collage usando imágenes y palabras que crean que representan sus mentes inconscientes combinadas. Discuta el proceso y lo que cada elemento podría simbolizar.

Inconsciente

DESEOS Y MIEDOS

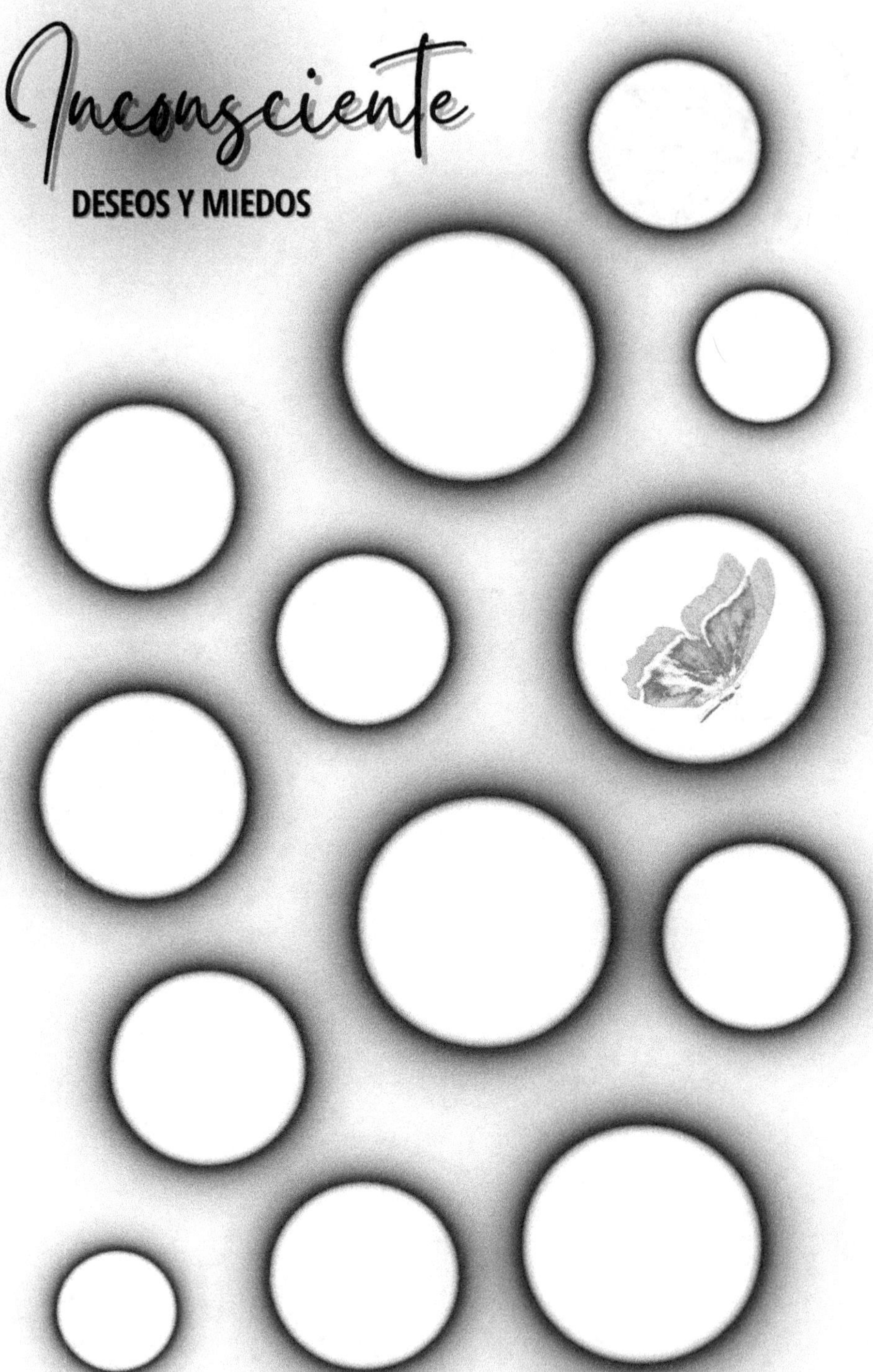

Túrnense para compartir un deseo o miedo que crean que podría surgir de su mente inconsciente. Analice cómo estos podrían influir en su relación y las formas de apoyarse mutuamente.

Reprimido

deseos

Lo más aterrador
es aceptarte a ti
mismo por completo.

Carl Jung

Anhelos ocultos

Reflexiona sobre un deseo que muchas veces has dejado de lado u escondido. Escribe sobre por qué podrías estar reprimiendo este deseo y cómo te hace sentir.

Emociones conflictivas

Considere un momento en el que se sintió en conflicto con respecto a una decisión. Explore cualquier deseo subyacente que haya estado reprimiendo y que haya contribuido a este conflicto.

Pensamientos prohibidos

Piensa en un pensamiento o impulso que hayas considerado
"prohibido" o inaceptable. Escribe sobre de dónde podría provenir
este juicio y cómo te hace sentir reconocer este pensamiento.

Visualización del deseo

Encuentra un espacio tranquilo para meditar. Visualízate cumpliendo un deseo reprimido. Observe las emociones y pensamientos que surgen durante esta visualización.

Escríbete una carta reconociendo un deseo reprimido. Detalla cómo aceptar este deseo podría impactar positivamente su vida.

Cree un 'mapa del deseo', una representación conceptual de los deseos reprimidos, sus orígenes y cómo podrían manifestarse inconscientemente en la vida de alguien. Incluye varios caminos y nodos, cada uno etiquetado con emociones o situaciones relacionadas con deseos reprimidos, y muestra tanto los orígenes como las manifestaciones inconscientes de estos deseos.

Cree un 'mapa del deseo', una representación conceptual de los deseos reprimidos, sus orígenes y cómo podrían manifestarse inconscientemente en la vida de alguien. Incluye varios caminos y nodos, cada uno etiquetado con emociones o situaciones relacionadas con deseos reprimidos, y muestra tanto los orígenes como las manifestaciones inconscientes de estos deseos.

Túrnense para compartir un deseo reprimido con su pareja. Discuta por qué cree que ha reprimido estos deseos y cómo pueden apoyarse mutuamente para reconocerlos.

Habla con tu pareja sobre cualquier barrera emocional que pueda impedirte cumplir tus deseos. Ofrezcan ideas y apoyo unos a otros.

Representa un escenario en el que cada uno de ustedes representa un deseo reprimido en un ambiente seguro y de apoyo. Discuta los sentimientos que surgen de este ejercicio.

Proyecto Creativo

Participen juntos en una actividad creativa, como pintar o escribir una historia, que simbolice sus deseos reprimidos combinados. Reflexione sobre la experiencia y lo que revela sobre cada uno de ustedes.

Juntos

Proyección

Todo lo que nos irrita de los demás puede llevarnos a comprendernos a nosotros mismos.

Carl Jung

Reconociendo la proyección

Reflexiona sobre un conflicto o irritación reciente con tu pareja. Escribe sobre lo que esto podría revelar sobre tus propios sentimientos o inseguridades.

Activadores en proyección

Identifique un rasgo en su pareja que constantemente desencadene una fuerte reacción en usted. Explora cómo este rasgo podría ser algo que te incomode reconocer en ti mismo.

Reflexiones individuales

Expectativas inconscientes

Considere un aspecto de su relación en el que sienta que su pareja no está cumpliendo con sus expectativas. Escriba sobre cómo estas expectativas podrían reflejar sus propias necesidades o deseos insatisfechos.

Reflexiones individuales

Diario de proyección

Durante una semana, lleva un diario de los momentos en los que te sientes molesto o molesto con tu pareja. Al final de la semana, revise sus entradas para identificar patrones que puedan indicar una proyección.

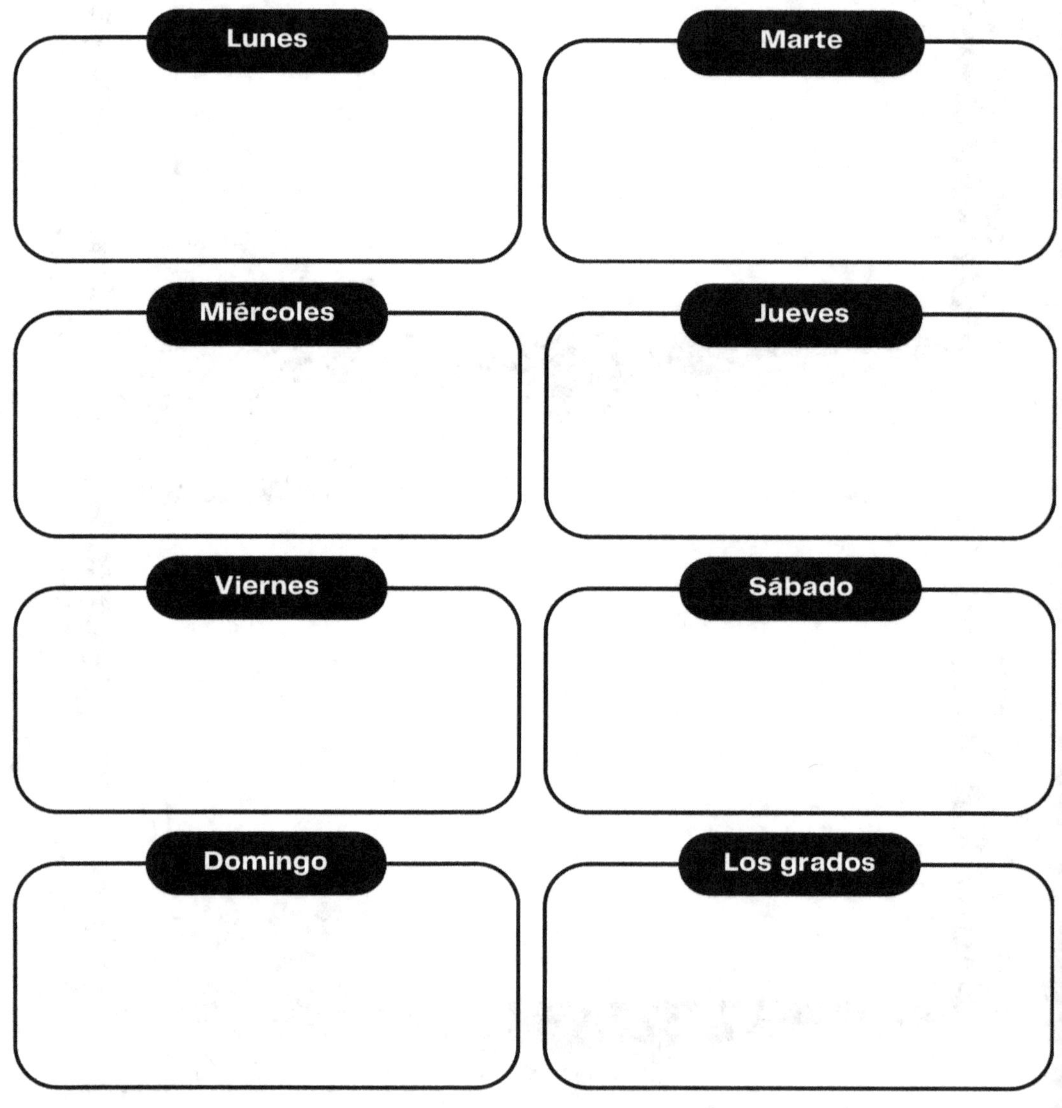

Diario de proyección

Durante una semana, lleva un diario de los momentos en los que te sientes molesto o molesto con tu pareja. Al final de la semana, revise sus entradas para identificar patrones que puedan indicar una proyección.

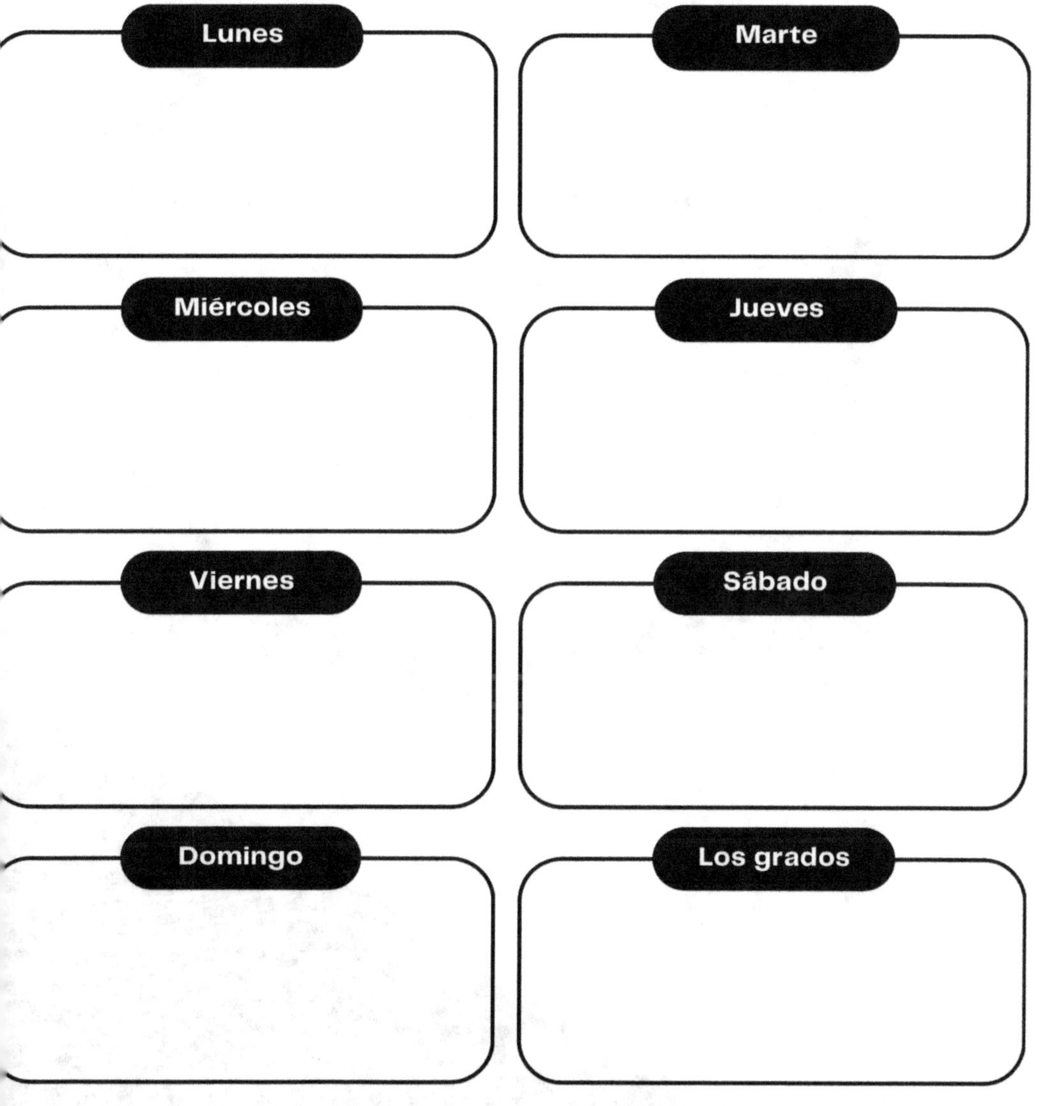

Meditación sobre la autoaceptación

Practica una meditación guiada enfocada en la autoaceptación. Presta atención a cualquier resistencia que surja, ya que puede indicar zonas de proyección.

Compartan sus ideas de los ejercicios individuales entre sí. Discuta las formas en que podrían proyectarse el uno en el otro y cómo abordar esto.

Cada socio comparte un desencadenante personal y analiza sus orígenes. Reflexione sobre cómo comprender estos factores desencadenantes puede reducir la proyección en su relación.

Visualice un escenario en el que ambos trasciendan más allá de sus proyecciones. Discuta cómo fue este escenario para cada uno de ustedes y cómo se sintieron.

Integración

Uno no se ilumina imaginando figuras de luz, sino haciendo consciente la oscuridad.

Carl Jung

Reconocimiento de rasgos de sombra

Identifica un rasgo en ti mismo que a menudo evitas o que no te gusta. Escriba sobre cómo podría beneficiarle reconocer e integrar este rasgo.

Reflexiones individuales

Momentos de integración

Recuerda un momento en el que integraste con éxito una parte de tu sombra. Describe la situación y cómo te hizo sentir.

Resistencia interior

Considere un aspecto de su personalidad que le resulte difícil de aceptar. Escribe sobre la resistencia que sientes hacia este aspecto y por qué podría estar ahí.

Representación Artística

Crea una obra de arte que represente tu lado oscuro integrándose a todo tu ser. Utilice esto como una forma de aceptación y reconocimiento.

Representación Artística

Crea una obra de arte que represente tu lado oscuro integrándose a todo tu ser. Utilice esto como una forma de aceptación y reconocimiento.

Juntos, identifiquen los rasgos de sombra comunes que ambos comparten. Discuta cómo estos rasgos afectan su relación y las formas de integrarlos positivamente.

Túrnense para representar los aspectos oscuros de cada uno. Este ejercicio puede generar empatía y comprensión de las luchas internas de cada uno.

Discuta formas en las que pueden apoyarse mutuamente para integrar sus sombras individuales, como mediante afirmaciones, escucha activa o actividades compartidas.

Juntos

Individuación

El privilegio de tu vida es convertirte en quien realmente eres.

Carl Jung

Camino de individualización personal

Reflexiona sobre tu viaje hacia la individuación. ¿Cuáles son los aspectos clave de tu personalidad o experiencia de vida que crees que son esenciales para tu verdadero yo?

Desafíos a la individuación

Identifique un desafío u obstáculo que haya enfrentado en su viaje de autodescubrimiento. ¿Cómo lo superaste y qué aprendiste sobre ti mismo?

Autovisualización del futuro

Imagínese su yo futuro, habiendo realizado plenamente su potencial. Escribe sobre cómo se ve esto y en qué se diferencia de tu yo actual.

Línea de Tiempo de vida

Crea una línea de tiempo de tu vida, destacando los momentos clave que contribuyeron a tu individualización. Reflexiona sobre cómo cada experiencia ha moldeado quién eres.

Línea de tiempo de vida

Crea una línea de tiempo de tu vida, destacando los momentos clave que contribuyeron a tu individualización. Reflexiona sobre cómo cada experiencia ha moldeado quién eres.

Compartan sus caminos de individuación personal entre sí. Discuta cómo estos viajes individuales complementan e influyen en su relación.

Identifique y discuta los valores que son importantes para ambos. ¿Cómo apoyan estos valores sus caminos de crecimiento individuales y compartidos?

Túrnense para discutir un sueño o aspiración personal. Ofrezca comentarios y apoyo sobre cómo cada socio puede perseguir sus objetivos individuales.

Tablero de visión

Juntos, creen un tablero de visión que represente sus aspiraciones individuales y compartidas. Utilice imágenes y palabras para simbolizar sus esperanzas para el futuro.

Para cada una de las categorías siguientes, escriba las cosas que está haciendo bien y las que necesita mejorar. Tómese el tiempo para reflexionar sobre estos y escriba una meta para cada categoría.

CATEGORÍA	LO QUE ESTOY HACIENDO BIEN	¿DÓNDE NECESITO MEJORAR?	MIS METAS
FAMILIA			
AMIGOS			
TRABAJO/ESCUELA			
CUERPO			
SALUD MENTAL			
ESPIRITUALIDAD			

Para cada una de las categorías siguientes, escriba las cosas que está haciendo bien y las que necesita mejorar. Tómese el tiempo para reflexionar sobre estos y escriba una meta para cada categoría.

CATEGORÍA	LO QUE ESTOY HACIENDO BIEN	¿DÓNDE NECESITO MEJORAR?	MIS METAS
FAMILIA			
AMIGOS			
TRABAJO/ESCUELA			
CUERPO			
SALUD MENTAL			
ESPIRITUALIDAD			

Moral *Ambigüedad*

La capacidad de
mantenerse a sí mismo
es muy difícil, pero es
la marca de una
personalidad madura.

Carl Jung

Reflexión sobre el dilema moral

Piensa en un momento en el que te enfrentaste a un dilema moral. Escribe sobre las decisiones que tomaste y cómo te sentiste al respecto. ¿Hubo algún aspecto de su decisión que reflejara ambigüedad moral?

Reflexiones individuales

Examen de valores personales

Identifique y escriba sobre sus valores fundamentales. ¿Ha habido momentos en que estos valores estuvieron en conflicto? ¿Cómo navegaste por estas situaciones?

Reflexiones individuales

Comprender la complejidad

Reflexiona sobre una situación en la que juzgaste las acciones de otra persona. En retrospectiva, ¿puedes ver alguna ambigüedad moral en esa situación? ¿Cómo cambia esto tu perspectiva?

1

2

3

4

5

Crea una lista de tus cinco valores principales. Para cada valor, escriba un escenario en el que este valor podría entrar en conflicto con otro. Reflexiona sobre cómo resolverías estos conflictos.

1

2

3

4

5

Crea una lista de tus cinco valores principales. Para cada valor, escriba un escenario en el que este valor podría entrar en conflicto con otro. Reflexiona sobre cómo resolverías estos conflictos.

Juego de roles ético

Elija un evento histórico o ficticio que implique un dilema moral. Escribe un ensayo o una historia corta desde la perspectiva de un personaje que enfrenta este dilema, explorando las complejidades de su proceso de toma de decisiones.

Juego de roles ético

Elija un evento histórico o ficticio que implique un dilema moral. Escribe un ensayo o una historia corta desde la perspectiva de un personaje que enfrenta este dilema, explorando las complejidades de su proceso de toma de decisiones.

Identifica los valores compartidos en tu relación. Discuta cómo estos valores han guiado sus decisiones y acciones como pareja, especialmente en situaciones complejas.

Cree escenarios éticos hipotéticos y discuta cómo respondería cada uno de ustedes. Explore las razones detrás de sus decisiones y cómo se alinean o difieren.

Mire una película que involucre dilemas morales. Después de la película, analice las ambigüedades morales presentadas y cómo se relacionan con sus propios valores y experiencias.

Discuta formas en las que pueden apoyarse mutuamente cuando enfrentan dilemas morales individuales o decisiones que involucran ambigüedad moral.

Juntos

Encuentro con

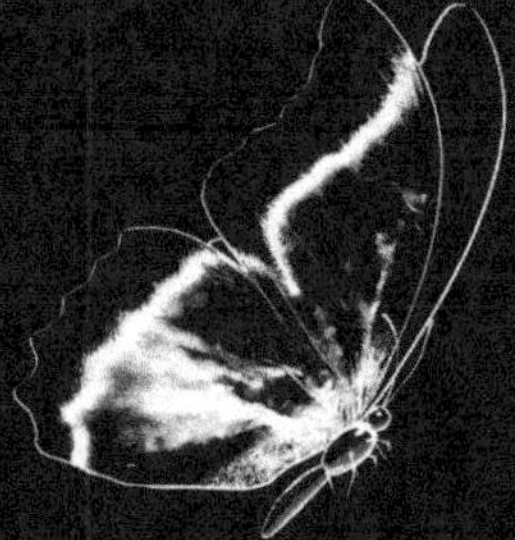

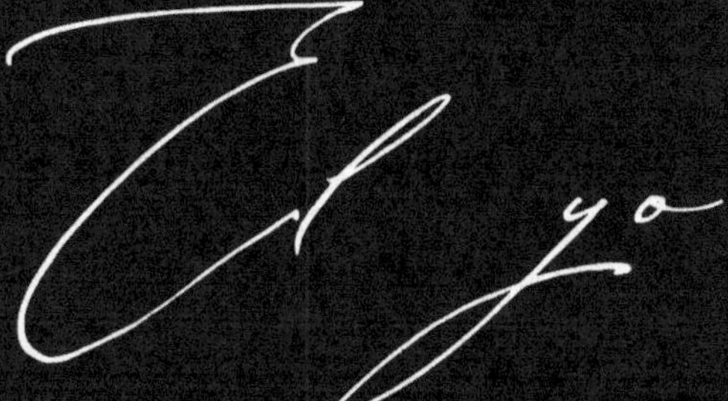

Lo más aterrador es aceptarte a ti mismo por completo.

Carl Jung

Momentos de autorrealización

Reflexiona sobre un momento en el que sentiste una profunda sensación de autorrealización. ¿Qué desencadenó este momento y qué aprendiste sobre ti mismo?

Reflexiones individuales

Conflictos internos

Escribe sobre un conflicto interno que desafíe tu sentido de identidad. ¿Cómo podría la resolución de este conflicto acercarte a tu verdadero yo?

Diálogo con uno mismo

Imagina una conversación con tu "yo real". ¿Qué preguntarías y qué crees que tu verdadero yo diría en respuesta?

Crea un autorretrato que capture elementos de tu verdadero yo, incluidos aspectos que aún estás descubriendo. Esto se puede hacer mediante dibujo, pintura o collage.

Crea un autorretrato que capture elementos de tu verdadero yo, incluidos aspectos que aún estás descubriendo. Esto se puede hacer mediante dibujo, pintura o collage.

Carta a tu verdadero yo

Escribe una carta a tu verdadero yo, expresando tus esperanzas, miedos y preguntas. Reflexiona sobre lo que revela escribir esta carta sobre tu viaje hacia la autocomprensión.

Escribe una carta a tu verdadero yo, expresando tus esperanzas, miedos y preguntas. Reflexiona sobre lo que revela escribir esta carta sobre tu viaje hacia la autocomprensión.

Comparte tus ideas de reflexiones individuales con tu pareja. Discuta cómo estas autorrealizaciones impactan su relación.

Cada socio describe lo que cree que es su verdadero yo. Discuta cómo estas autopercepciones se alinean o difieren de cómo se ven unos a otros.

Discuta formas en las que pueden apoyarse mutuamente para estar más alineados con su verdadero yo. Esto podría incluir fomentar pasatiempos, objetivos o prácticas de cuidado personal individuales.

Visión compartida

Desarrolle una visión para su futuro juntos que honre el verdadero yo de cada socio. Utilice medios creativos como un tablero de visión o un plan escrito.

Transformación

No se puede volver a la conciencia sin dolor.

Carl Jung

Transformación Personal

Reflexiona sobre un cambio significativo que hayas experimentado en tu vida. ¿Cuáles fueron los catalizadores de este cambio y cómo crees que ha afectado a tu verdadero yo?

Lecciones de la sombra

Considere un aspecto oscuro que haya enfrentado. Escribe sobre las lecciones que te ha enseñado este aspecto y cómo ha contribuido a tu transformación.

Crecimiento futuro

Visualiza hacia dónde ves que va tu crecimiento personal. ¿Qué transformaciones anticipa o espera y qué pasos puede tomar para facilitar este crecimiento?

EL *Gratitud* FRASCO

Practica una meditación centrada en la gratitud por tu viaje, incluidas las partes desafiantes. Reflexiona sobre cómo esta gratitud da forma a tu visión de tu transformación personal.

EL *Gratitud* FRASCO

Practica una meditación centrada en la gratitud por tu viaje, incluidas las partes desafiantes. Reflexiona sobre cómo esta gratitud da forma a tu visión de tu transformación personal.

Comparta ideas de sus reflexiones individuales. Discuta cómo sus transformaciones personales han impactado su relación.

Desarrolla un pequeño ritual para celebrar y reconocer el crecimiento y las transformaciones de cada persona. Podría ser un check-in habitual, una actividad especial o un gesto simbólico.

Túrnense para discutir un aspecto de su transformación. El oyente practica la escucha reflexiva, centrándose en la comprensión y la empatía sin juzgar.

Juntos

Visión conjunta

Discute y crea una visión conjunta para tu futuro, considerando cómo ambas transformaciones darán forma a este viaje.

Conclusión

Al llegar a la conclusión de este diario guiado, es importante reflexionar sobre el viaje que han emprendido, tanto individualmente como como pareja. Al participar en las indicaciones y ejercicios, ha explorado las profundidades de su inconsciente, ha confrontado deseos reprimidos, ha comprendido la dinámica de la proyección y ha abrazado el proceso de integración. Han navegado por las complejidades de la individuación, la ambigüedad moral y se han encontrado con su verdadero yo, culminando en una experiencia transformadora que probablemente ha remodelado tanto sus identidades personales como sus relaciones.

Reflexiones sobre el viaje:

- Crecimiento personal: reflexiona sobre cómo has crecido personalmente a lo largo de este viaje. ¿Qué ideas sobre ti mismo han sido las más profundas?
- Evolución de la relación: considere cómo ha evolucionado su relación. ¿Cómo se ha fortalecido su vínculo y cómo han aprendido a apoyarse mejor mutuamente?
- Desafíos y Triunfos: Reconoce los desafíos que enfrentaste y los triunfos que lograste. Cada paso, ya sea fácil o difícil, es una parte valiosa de tu crecimiento.

Avanzando:

- Exploración continua: Anímense unos a otros a continuar explorando y creciendo. Este diario es una herramienta a la que puede recurrir siempre que necesite información o inspiración.
- Comunicación abierta: Mantenga las líneas de comunicación abiertas que ha establecido. Compartan regularmente sus sentimientos, pensamientos y descubrimientos entre sí.
- Apoyarse mutuamente: Comprométase a apoyar el viaje continuo de autodescubrimiento y crecimiento personal de cada uno, reconociendo que este proceso está en constante evolución.
- Abrace el cambio: esté abierto a los cambios que vienen con el crecimiento. A medida que ambos se transformen, también lo hará su relación. Abrace estos cambios con comprensión y amor.

Recuerde, el viaje de autodescubrimiento y crecimiento de las relaciones no es lineal. Es un proceso continuo y en evolución que requiere paciencia, comprensión y compasión. Al participar en este trabajo, habéis dado pasos importantes hacia una conexión más profunda con vosotros mismos y con los demás. Continúe con las ideas y lecciones que ha aprendido y permítales guiarlo en su viaje continuo hacia una vida y una relación plena y auténtica.

¡Por conseguir este libro y por llegar hasta el final!

Antes de irte, quería pedirte un pequeño favor.
¿Podría considerar publicar una reseña?

Porque publicar una reseña es la mejor y más sencilla forma de respaldar el trabajo de autores independientes como yo.

¡Tus comentarios me ayudarán muchísimo!

>>Deje una reseña en Amazon EE. UU. <<

CALLIE PARKER
TRABAJO EN LA
SOMBRA
PARA PAREJAS
Una guía para fortalecer tu relación, generar
confianza y comprensión, y cultivar un
amor duradero

EL
DIARIO Y EL
LIBRO DE
TRABAJO EN LA
SOMBRA
PARA PAREJAS
CALLIE PARKER

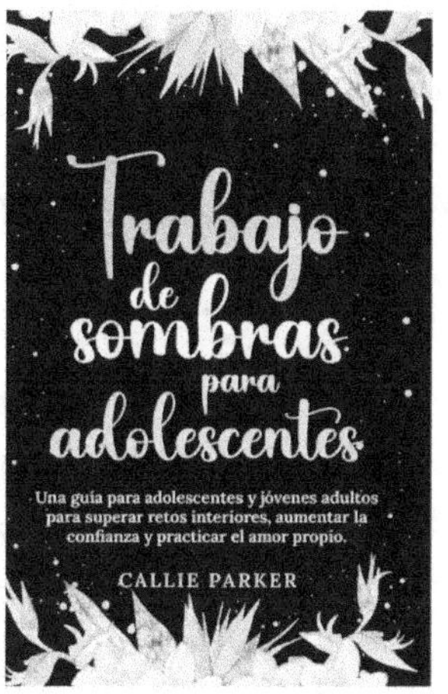
Trabajo
de
sombras
para
adolescentes
Una guía para adolescentes y jóvenes adultos
para superar retos interiores, aumentar la
confianza y practicar el amor propio.
CALLIE PARKER

Diario
de
trabajo
en la
sombra
para
adolescentes
Guías y actividades para la curación
interior, el desarrollo de la confianza y la
práctica del amor propio.
CALLIE PARKER

CALLIE PARKER
TRABAJO
EN LA SOMBRA
EDICIÓN
LGBTQ+
Una guía para la sanación
interior y el amor propio

CALLIE PARKER
EL DIARIO DE
TRABAJO
EN LA SOMBRA
EDICIÓN
LGBTQ+

El libro definitivo de autoayuda para la recuperación del abuso narcisista

Trauma y recuperación infantil
Sanando a tu niño interior

Cuaderno de ejercicios de recuperación y trauma infantil
Sanando a tu niño interior

Libro para colorear para adultos Mandalas

www.ingramcontent.com/pod-product-compliance
Lightning Source LLC
Chambersburg PA
CBHW071207130726
47998CB00002B/648